ÜBUNGSBUCH ZUR ARABISCHEN SCHRIFTSPRACHE DER GEGENWART

SCHLÜSSEL

ÜBUNGSBUCH
ZUR ARABISCHEN SCHRIFTSPRACHE
DER GEGENWART

SCHLÜSSEL

von
Manfred Woidich

WIESBADEN 1988
DR. LUDWIG REICHERT VERLAG

CIP-Titelaufnahme der Deutschen Bibliothek

Woidich, Manfred:
Übungsbuch zur arabischen Schriftsprache der Gegenwart /
von Manfred Woidich. – Wiesbaden : Reichert.

Schlüssel. – 1988
ISBN 3-88226-447-0

Vorwort

Dem Benutzer des "Übungsbuches zur arabischen Schriftsprache der Gegenwart" wird hiermit ein Schlüssel an die Hand gegeben, der Lösungen für die verschiedenen Patterndrills und Satzbildungsübungen bietet. Das Übungsbuch läßt sich so auch außerhalb des Klassenzimmers zum Selbststudium verwenden. Mein herzlicher Dank richtet sich an Herrn Hāšim Suwēfi (Kairo) und Ḥisēn ʿAbdu (Amsterdam), die beide so freundlich waren, das Manuskript zu diesem Schlüssel durchzusehen. Gleichzeitig wird von dieser Gelegenheit Gebrauch gemacht, einige Fehler im Übungsbuch zu korrigieren, die sich eingeschlichen hatten.

Amsterdam, im Juli 1988

Manfred Woidich

Inhalt

LÖSUNGEN

zu den

ÜBUNGEN LEKTION I BIS XXX

LEKTION I

C.

هو ملك. – وهي ملكة.   هو قلق. – وهي قلقة.   هو كامل. – وهي كاملة.

LEKTION II

C.

Das auslautende /ā/ des هنا /hunā/ wird vor dem Artikel kurz ausgesprochen und darum hier ohne Längungsstrich geschrieben.

F.

الأخ عزيز والأخت عزيزة.   المكتب كبير والمكتبة كبيرة.

الأب عربي والأم عزبية .   الكلام مهم والكلمة مهمة.

النهر قريب والقرية قريبة.   الزميل قلق والزميلة قلقة.

G.

(١) الملكة ميتة.   (٢) الوزيرة غنية.   (٣) المعلمة عربية.

(٤) الزميلة عزيزة.   (٥) العربية غنية.

H.

(١) الوزير كبير.   (٢) القرية كبيرة.   (٣) الحرب كبيرة.   (٤) النهر كبير.

(٥) الاخت كبيرة.   (٦) بيروت كبيرة.   (٧) البنت كبيرة.   (٦) دمشق كبيرة.

LEKTION III

C.

Das auslautende /ī/ des في /fī/ wird vor dem Artikel kurz ausgesprochen und deswegen hier ohne Längungsstrich geschrieben.

I.

كتاب جيد	طلاب مصريون	نوافذ مفتوحة
جبن هولندي	أمطار خفيفة	غرف كبيرة
مهندسون عرب	قهوة مرة	طالبات مصريات
أرض عربية	يوم جميل	عمارات حديثة
سلاح خفيف	مدن ممنوعة	حرب شديدة
أبواب مغلقة	خبر مهم	أخت عزيزة
ثقافة عظيمة	قانون لازم	أسلحة ثقيلة

J.

(١) هذا مسجد القرية.
(٢) هذه كنيسة القرية.
(٣) هذا ملك البلد.
(٤) هذا إمام المسجد.
(٥) هذه ملكة البلد.
(٦) هذه أخت المدرس
(٧) هذه أخت المدرسة.
(٨) هذا مسجد المدينة.

K.

(١) هذه سيارة المدرس.
(٢) هذه قرية الملك.
(٣) هذا بيت الوزير.
(٤) هذا مكتب العرب.
(٥) هذا سلاح الجيش.
(٦) هذه عمارة الجامعة

LEKTION IV

D.

(١) غرفة السوريين هناك.

(٢) غرفة المدرسين هناك.

(٣) غرفة المهندسين هناك.

(٤) غرفة الكويتيين هناك.

(٥) غرفة المعلمين هناك.

(٦) غرفة السودانيين هناك.

E.

(١) هذه الغرفة للسوريين فقط.

(٢) هذه الغرفة للكويتيين فقط.

(٣) هذه الغرفة للمعلمين فقط.

(٤) هذه الغرفة للسودانيين فقط.

(٥) هذه الغرفة للمدرسين فقط.

(٦) هذه الغرقة للمهندسين فقط.

(٧) هذه الغرفة للعراقيين فقط.

(٨) هذه الغرفة لليبيين فقط.

F.

(١) اللغة العربية صعبة.

(٢) هذه الكلمات مهمة.

(٣) الطلاب جدد.

(٤) الطالبات جيدات.

(٥) الأقلام رخيصة.

(٦) الأبواب مغلقة.

(٧) المهندسون مصريون.

(٨) النوافذ مفتوحة.

(٩) المكتبات كثيرة.

(١٠) المدن كبيرة.

(١١) هذا المسجد مشهور.

(١٢) أيام الصيف طويلة.

(١٣) المدرسات قليلات.

(١٤) الكتب جديدة.

LEKTION V

D.

ضوء - سأل - مؤامرة - سئل - سائل - آداب - مأدبة -

عبء - أعباء - كمء - كمأة - متأكد - يؤكد - نائم -

مؤلم - مؤتمر - بئيس - بؤساء - بؤس - جريء - جرأة

E.

(١) هذه الغرفة كبيرة. (٢) هذا البيت جديد. (٣) هؤلاء الطلاب عرب.

(٤) هذه المكتبة حديثة. (٥) هؤلاء الطالبات جيدات. (٦) هذا الرجل فقير.

F.

(١) نحن في فصلنا. (٢) هو في فصله. (٣) هي في فصلها.

(٤) انا في فصلي. (٥) هم في فصلهم. (٦) هن في فصلهن.

(٧) نحن في فصلنا.

G.

(١) نعم، عندي ساعة. (٢) نعم، عندي قلم. (٣) نعم، عندها آلة كاتبة.

(٤) نعم، غندنا أسلحة. (٥) نعم، عندهم وقت. (٦) نعم، عندك مفتاح.

H.

(١) الأخبار الجديدة للتليفزيون المصري. (٢) المسجد المشهور لمدينة دمشق.

(٣) الأسلحة الحديثة للجيش اللبناني. (٤) الطالبات المصريات لجامعة بيروت.

(٦) الطلاب الألمان لجامعة القاهرة. (٦) الأمطار القليلة للصيف.

I.

(١) الأسلحة الجديدة للجيش المصري.
(٢) المكتبة المشهورة لجامعة الأزهر.
(٣) المدرسة الحديثة للقرية القديمة.
(٤) الأمطار الشديدة لألمانيا الشمالية.
(٥) الزيارة القصيرة للرئيس السوري.
(٦) الأسئلة الجديدة للطالبات المصريات.
(٧) السيارة السريعة للرئيس السوري.
(٨) الغرف الصغيرة للمهندسين الليبيين.
(٩) الأبواب المغلقة للمدرسة القديمة.

LEKTION VI

A.

(١) أما الطلاب فيدخلون الغرفة.
(٢) أما الطالبات فيدخلن الجامعة.
(٣) أما السيارة فتتوقف عند المسجد.
(٤) أما العمال فيشتغلون في المصنع.
(٥) أما المهندسون فيسافرون إلى هولاندا.
(٦) أما المدرسات فيسافرن إلى سوريا.
(٧) أما سوريا فتقع في شمال الجزيرة.
(٨) أما الطالبات فسيجتمعن غدا.
(٩) أما الوزراء فسيجتمعون في مكتب الرئيس.

B.

(١) يكتب أحمد رسالة إلى مدرسه.
(٢) تذهب فاطمة إلى شاطئ البحر.
(٣) تخرج الطالبات من المدرسة.
(٤) تتوقف السيارة أمام البيت.
(٥) يتحدث الناس عن زيارة الرئيس إلى المدينة.
(٦) يجتمع الطلاب ويشتغلون.

C.

(١) الناس يخرجون من البيوت. (٢) المسلمون لا يشربون بيرة.
(٣) البنات يتعلمن الدروس الجديدة. (٤) السوّاح الأجانب يسافرون إلى عاصمة مصر.
(٥) الأخبار تنتشر بسرعة في القرية الصغيرة.
(٦) هؤلاء البنات يتعلمن اللغات الأجنبية.

D.

(١) سيسأل طالبا. (٣) سيسأل طالبة. (٤) سيسأل معلّما. (٤) سيسأل مدرّسين.
(٥) سيسأل عمّالا. (٦) سيسأل مهندسين. (٧) سيسأل ناسا كثيرين.

E.

(١) كان الباب مغلقا. (٢) كان العدد كاملا. (٣) كانت النافذة مفتوحة.
(٤) كان الطلاب جيدين. (٥) كان الرجل أجنبيا. (٦) كان العمال قليلين.
(٧) كانت الأخوات صغيرات. (٨) كانت الرحلة طويلة. (٩) كان الشاطئ بعيدا.
(٩) كان المدرّسون مسؤولين عن الدرس.

LEKTION VII

A.

(١) لقد دخلت الجامعة أمس. (٢) لقد ذهبت الى الكنيسة أمس.
(٣) لقد سألت المدرّس أمس. (٤) لقد رجعت أمس.
(٥) لقد سافروا أمس. (٦) لقد أرسلناها أمس.

(٧) لقد غادروا مصر أمس. (٨) لقد توقفوا عن العمل أمس.
(٩) لقد اجتمعوا أمس. (١٠) لقد تحدثوا عن الحرب أمس.
(١١) لقد استعملنا الأسلحة الجديدة أمس.

B.

(١) نعم، كتبناه. (٢) نعم، سألتها. (٣) نعم، دخلتها.
(٤) نعم، أنتم قسمتموه. (٥) نعم، غادرنها. (٦) نعم، أنتم دخلتموها.
(٧) نعم، نعم، شربته. (٨) نعم، غادروها. (٩) نعم، شكرناه.
(١٠) نعم، عقدوها. (١١) نعم، استعملها. (١٢) نعم، أرسلوها.
(١٣) نعم، سألناهم. (١٤) نعم، سألتهن.

C.

(١) نعم، نسمعك. (٢) نعم، أشكرك. (٣) نعم، أسألك.
(٤) نعم، سألتني. (٥) نعم، سمعنا. (٦) نعم، شكرني.
(٧) نعم، أسمعهن. (٨) نعم، شكرناهم. (٩) نعم، سألونا.
(١٠) نعم، أرسلتموهم. (١١) نعم، شربناها.

D.

(١) يكتبها. (٢) يغادرها. (٣) يشكره. (٤) سيعقدها. (٥) يستعملها.

E.

(١) ليس المصنع حديثا. (٢) ليست البنت جميلة. (٣) ليس الباب مفتوحا.
(٤) ليس اللاجئون كثيرين. (٥) ليس العدد كبيرا. (٦) ليست المكتبات مغلقة.

F.

(١) لست أجنبيا. (٢) لستم من سوريا. (٣) لسنا مدرّسين.
(٤) لست أمريكيا. (٥) ليسوا مسؤولين عن ذلك. (٦) لستن من العراق.

(٧) لسن أجنبيات. (٨) ليست لبنانية. (٩) لسنا سوريين.

(١٠) ليسوا مهندسين. (١١) ليس مصريا. (١٢) لسن مدرسات.

LEKTION VIII

A.

(١) نعم، غادروها. (٢) نعم، سألناه. (٣) نعم، سافرت إليه.

(٤) نعم، ارسلتها إليها. (٥) نعم، رجعوا إليه. (٦) نعم، ذهبنا إليها.

B.

(١) أكتبَ (٢) يسافروا (٣) يسافروا (٤) تذهبي

(٥) تدخلوا (٦) تسألوا (٧) نرجعَ (٨) تلبسي

C.

(١) أكتبَها (٢) ينجزوه (٣) يغادروها (٤) أشتغلَ فيها

(٥) تتوقفَ (٦) يخرجوا (٧) يعقدوها

D.

(١) لا، لن يسافر أبدا. (٢) لا، لن يرجعوا اليها أبدا.

(٣) لا، لن نجتمعَ أبدا. (٤) لا، أنتم لن تسافروا إلى أوربا.

(٥) لا، لن يرجعوا إلى الوطن. (٦) لا، أنت لن تشتغلي غدا يا فاطمة.

(٧) لا، أنتم لن تذهبوا إلى الشاطئ. (٨) لا، لن تَدخلَ سوريا الحرب.

E.

(١) لا، لم يسافر بعد.   (٢) لا، لم يشتغل بعد.   (٣) لا، لم ينزلوا بعد.

(٤) لا، لم يذهبن بعد.   (٥) لا، لم نسمع بعد.   (٦) لا، لم يرجعوا بعد.

(٧) لا، لم يجتمعوا بعد.   (٨) لا، لم يخرجن بعد.

F.

(١) لا، لم يرسله بعد.   (٢) لا، لم يكتبوه بعد.   (٣) لا، لم يدخلوه بعد.

(٤) لا، لم نسمعه بعد.   (٥) لا، لم يستعملوها بعد.   (٦) لا، لم يغادرها بعد.

(٧) لا، لم افتحها بعد.   (٨) لا، لم يشربنها بعد.

G.

(١) لا تسافر   (٢) لا تسافري   (٣) لا تسافروا   (٤) لا تسافرن

(٥) لا تحاول   (٦) لا تفتحي   (٧) لا تفتحوا   (٨) لا تجتمعوا

H.

(١) لم يكتبها   (٢) لم تغادرها   (٣) لم تدرسه   (٤) لم تنجزيه

(٥) لم يرجعوا   (٦) لم تستعمليها   (٧) لم ترسله

I.

(١) سأذهب حالا.   (٢) سيرجعون حالا.   (٣) سنرسلها حالا.

(٤) سيغلقونها حالا.   (٥) سنفتحها حالا.   (٦) سنجتمع حالا.

(٧) سيسألونها حالا.   (٨) سأتعلمها حالا.   (٩) سيرجع حالا.

(١٠) سيستعملونه حالا.

LEKTION IX

A.

(١) لا تلبسيه (٢) لا تفتحها (٣) لا تأكله (٤) لا تذهبوا
(٥) لا تضعوها (٦) لا تشربن (٧) لا تأخذيها (٨) لا تقرؤوها

B.

(١) ما ذا أكلتم ؟ (٢) ما ذا شربوا ؟ (٣) ما ذا أخذت ؟
(٤) ما ذا وجد ؟ (٥) ما ذا وقع من على المائدة ؟ (٦) اين وضعتِ الحقيبة ؟
(٧) ما ذا أكلت ؟ (٨) متى وصلت السفينة ؟

C.

(١) لا ، لم تأكل بعد. (٢) لا ، لم يصلوا بعد. (٣) لا ، لم نجدها بعد.
(٤) لا ، لم نقرر بعد. (٥) لا ، لم أضعها مكانها بعد. (٦) لا ، لم آكله بعد.
(٧) لا ، لم يجدوه بعد. (٨) لا ، لم نذهب اليه بعد. (٩) لا ، لم يقرأنها بعد.
(١٠) لا ، لم يطلبوها بعد.

D.

(١) كم تلميذا بالضبط ؟ (٢) كم وزيرا بالضبط ؟ (٣) كم مصنعا بالضبط ؟
(٤) بعد كم يوما بالضبط ؟ (٥) كم ساعة بالضبط ؟ (٦) كم ثوبا بالضبط ؟

E.

(١) رجع أحمد إلى الوطن بعد خمسة أشهر. (٢) وصلت ست طائرات إلى المطار.
(٣) تلبس فاطمة سبعة ثياب في اليوم. (٤) استغرقت الجلسة أربع ساعات.
(٥) يدرس الطلاب اللغة العربية لمدة ثلاث سنوات. (٦) اجتمع الرئيس مع أربع وزراء.
(٧) أرسل مدير الشرطة عشرة رجال إلى مكان الحادث.

LEKTION X

A.

(١) يزرن (٢) سيجيئون (٣) يقولون (٤) يسترحن

(٥) يبعن (٦) يخافون (٧) يقيمون (٨) يستطيعون

B.

(١) أزور (٢) أبيع (٣) أختار (٤) أجيب

(٥) أستريح (٦) أنام (٧) أخاف (٨) أضع

(٩) آكل (١٠) آخذ

C.

(١) باعوها (٢) ناموا (٣) أجابت (٤) استطاعوا

(٥) زارتها (٦) أرادوا (٧) جاءت (٨) كانوا

(٩) اختارت (١٠) استراحوا

D.

(١) سنستريح غدا. (٢) سنختار غدا. (٣) سنجيب غدا. (٤) سننام غدا.

(٥) سنزورها غدا. (٦) سنستطيع غدا. (٧) سنستريح غدا.

E.

(١) لا، لم أبعه بعد. (٢) لا، لم يجئ بعد. (٣) لا، لم يقل شيئا.

(٤) لا، لم يجب بعد. (٥) لا، لم يختاروا كتبا بعد. (٦) لا، لم يستطع شيئا بعد.

(٧) لا، لم يكن فيها بعد. (٨) لا، لم ينم بعد. (٩) لا، لم نزره بعد.

(١٠) لا، لم يسترح بعد.

F.

(١) اشتريت حذائي في نفس الدكان. (٢) لم استطع أن أنام بالليل.
(٣) هل تسمح لي بالسفر الى بيروت ؟ (٤) إلى أين تريدين أن تسافري في عطلة الصيف؟
(٥) سأحاول أن أجيئ بنفسي. (٦) لم أزر السودان حتى الآن.
(٧) لا أعرف شيئا عن هذا الموضوع. (٨) لم يستطع أن يجيب على هذه الاسئلة.

LEKTION XI

A.

(١) مشى (٢) دعا (٣) صلى (٤) أجرى (٥) اشترى
(٦) دعا (٧) نسي (٨) انتهى (٩) رأى (١٠) التقى
(١١) أعطى (١٢) أجرى

B.

(١) اشتروا (٢) صلّوا (٣) بنت (٤) التقوا (٥) رأته
(٦) أعطتني (٧) دعت (٨) مشت (٩) نسوا (١٠) انتهت
(١١) دعون (١٢) نسيت

C.

(١) أشتري (٢) أعطي (٣) أصلي (٤) أدعوه (٥) أنساه
(٦) نمشي (٧) أختار (٨) أستريح (٩) أبني

D.

(١) لا، لم أدعه بعد.   (٢) لا، لم أشترها بعد.   (٣) لا، لم تمش بعد.

(٤) لا، لم أصل بعد.   (٥) لا، لم يلتقوا به بعد.   (٦) لا، لم يصلّين بعد.

(٧) لا، لم أنسك بعد.   (٨) لا، لم أره بعد.   (٩) لا، لم ننته منها بعد.

(١٠) لا، لم أعطها له بعد.   (١١) لا، لم يدعوهم بعد.

E.

(١) متى يصلي المسلمون في شهر رمضان ؟   (٢) أجرت الوزيرة محادثات مهمة
مع زميلها السوري.   (٣) يدعو المؤذن المسلمين الى الصلاة.   (٤) قولي
لي من فضلك يا فاطمة كيف تعرفت بمحمود ؟   (٥) نتمنى أن تكون بصحة وسلامة يا
أحمد.   (٦) لا تنسي يا كاملة أن تعطي الكلب ماءً.   (٧) لم أر السفينة الجديدة بعد.

LEKTION   XII

A.

(١) الذين وصلوا   (٢) اللاتي (اللائي، اللواتي) وصلن   (٣) الذين وصلوا

(٤) الذي وصل   (٥) اللاتي (اللائي، اللواتي) وصلن   (٦) الذي وصل

(٧) التي وصلت   (٨) التي وصلت

B.

(١) التي التقينا فيها أمس. (٢) الذي التقينا فيه أمس. (٣) التي التقينا فيها أمس.
(٤) التي التقينا فيها أمس. (٥) الذي التقينا فيه أمس. (٦) الذي التقينا فيه أمس.

C.

(١) الذي رأيناه (٢) الذي رأيناه (٣) التي رأيناها (٤) الذين رأيناهم
(٥) اللاتي رأيناهن (٦) الذين رأيناهم (٧) اللواتي رأيناهن (٨) التي رأيناها
(٩) الذي رأيناه (١٠) الذين رأيناهم

D.

(١) الذي تحدثنا مع أبيه (٢) التي تحدثنا مع أبيها (٣) اللائي تحدثنا مع أبيها
(٤) الذين تحدثنا مع أبيهم (٥) الذي تحدثنا مع أبيه (٦) الذين تحدثنا مع أبيهم
(٧) التي تحدثنا مع أبيها

E.

(١) أين الطلبة الذين يدرسون اللغة العربية ؟ (٢) سنلتقي في القاعة التي التقينا فيها أمس. (٣) اصلح المهندسون الطائرة التي وصلت صباح اليوم. (٤) أين الطالبات اللاتي يدرسن اللغة العربية. (٥) سألت الوزير السؤال نفسه الذي سألته المدير. (٦) استأجروا الغرفة نفسها التي استأجروها في السنة الماضية. (٧) من هؤلاء الرجال الذين لقوا مصرعهم في الحادث ؟ (٨) من هؤلاء السيدات اللواتي يردن أن يساعدننا ؟

F.

(١) لا أتحدث مع مدرسين لا يجيبون على أسئلتي. (٢) نستمع الآن إلى خطاب لأنور السادات ألقاه سنة ١٩٨٠. (٣) اشترك الوزير في جلسة عقدتها اللجنة. (٤) حدث حادث مؤلم لقي الملك مصرعه فيه. (٥) كان هناك ناس كثيرون يريدون أن يساعدونا. (٦) ألّف المدرس كتابا يقرأه الطلبة. (٧) نبحث عن بيت صغير فيه ثلاث غرف. (٨) لا نريد أن نشتري بيتا سعره مرتفع.

LEKTION XIII

A.

(١) لا، الإنتاج ليس كافيا.   (٢) في الوادي الذي يقع وراء الجبال.   (٣) نعم، هناك مستشفيات كثيرة.   (٤) في النادي الذي يجلس فيه كل يوم.   (٥) لا، ليس غاليا جدا.   (٦) التعليم هنا على كل المستويات.   (٧) لا، ليس متوفى والحمد لله.

B.

(١) لم أصل   (٢) لم أضعه   (٣) لم يجئ   (٤) آكل   (٥) أجيب   (٦) أزوره   (٧) تنام / تنامين

C.

التقينا أمس بالسيد أنور بركات وزير الخارجية والذي زار عواصم خمس دول اوربية في الأسبوع الماضي وألقى الوزير خطابا قال فيه: إنّ الدول الأوربية ترغب في تطوير علاقاتها بالدول النامية . وأعلن الوزير بعد ذلك أنّ وزير خارجية هولاندا سيقوم بزيارة إلى مصر.

D.

(١) ذهبت إلى فندق أعرفه من السنة الماضية .   (٢) في صباح هذا اليوم الذي وصلتُ فيه التقيتُ بالوكيل.   (٣) كان لي معه حديث استغرق ساعة واحدة .   (٤) سنواصل المحادثات التي كانت مفيدة غدا.   (٥) سوف نجري أبحاثا في واحة تقع في الصحراء الغربية.   (٦) المشروع الذي تموله الحكومة الألمانية مهم جدا لمصر.   (٧) هذا الطرد فيه كتب أرسلها إلى أخي.

LEKTION XIV

A.

(١) لم أجد (٢) لم يقم (٣) سأجيب عليها (٤) لن أنساها
(٥) ألتقِيَ بهم (٦) لن أعْطِيَهَا (٧) يلتقوا به (٨) ينتهيَ
(٩) يشترين

B.

(١) إنّ هذه البلاد... (٢) أنّه (٣) أنّ (٤) ولكن (٥) إنّ
(٦) أن (٧) أن (٨) أنّه (٩) أن (١٠) ولكن
(١١) أن (١٢) أنّه

C.

(١) أباك (٢) أخي (٣) أبي (٤) أخاك (٥) مدرسيّ
(٦) أخوك (٧) مديرو الشركة

D.

(١) اعتقل البوليس الملاحين الذين هربوا المخدرات . (٢) هذه هي الكنيسة التي نصلي فيها كل يوم . (٣) تقع هذه القرية في صحراء ليس فيها مطر . (٤) قابلنا رجالا لم نرهم قبل ذلك . (٥) قررت أن أشتري هذه السيارة التي لها خمسة أبواب .

LEKTION XV

A.

(١) يودَدْن (٢) أعدَدت (٣) حللت (٤) دللتهم (٥) ردَدت

(٦) يمرُرن (٧) مرَرت (٨) يردّ / يردُدْ (٩) أحبّته (١٠) يستعددِن

(١١) أسمرّ (١٢) يسمررن (١٣) عددت

B.

(١) سافر اليوم وزير الخارجية إلى لندن ليجتمع غدا مع وزراء الحلف الأطلنطي. (٢) وستدور المحادثات حول مشكلة الشرق الأوسط. (٣) كما سيتحدث الوزراء عن مشاكل الدول النامية. (٤) وسيغادر الوزير بعد ذلك لندن لكي يزور دول مختلفة في أوربا بعد أن ينتهي من هذه المحادثات. (٥) وسيرجع الوزير إلى أرض الوطن يوم الجمعة المقبل وسيكون في استقباله بالمطار كل أعضاء الحكومة.

C.

(١) وصل اللاجئون إلى العاصمة الفرنسية بعد رحلة استغرقت عشر ساعات.

(٢) قدمت الحكومة اقتراحات جديدة لحل مشاكل الجماهير.

(٣) تستعد مصر لاستغلال ثروتها الطبيعية.

(٤) قرر الوزير تنفيذ المشروعات التالية.

(٥) دارت المناقشة حول الخطاب الذي ألقاه الرئيس أمس.

(٦) لا نستطيع أن نتناول العشاء في مطعم.

(٧) تم الاتفاق مع ألمانيا على تصدير ألف طن طماطم إليها.

LEKTION XVI

A.

(١) السكاكين للأولاد الكبار فقط.
(٢) أرسلنا الطالبات المريضات إلى الأطباء
(٣) أيها الإخوة الأعزاء.
(٤) يريد المدرسون الأمريكان أن يسافروا إلى أوربا.
(٥) أعدت الحكومات الجديدة مشاريع مهمة للفلاحين الفقراء .
(٦) الجنود الموتى لبنانيون.
(٧) يلتقي الوزراء اليوم بالنائبات الأمريكيات .
(٨) نرى في هذه الصور الأمهات المصريات المثاليات .
(٩) بحث الشرطيون عن المجرمين الهاربين في المنازل المجاورة .
(١٠) سيواصل النواب الأمريكان سفرهم غدا إلى أسوان .
(١١) رحب المواطنون الألمان بزيارة الرؤساء الى بلادهم.
(١٢) أيتها الأخوات العزيزات.

B.

(١) تفاحة واحدة (٢) بقرة واحدة (٣) ورقة واحدة (٤) في بيضة واحدة
(٥) برتقالة واحدة (٦) شجرة واحدة (٧) وردة (٨) بيضة

C.

(١) تسافر فاطمة الى الريف كل أسبوع لتزور عائلتها.
(٢) كان أبوه فلاحا فقيرا عنده بقرة واحدة فقط.
(٣) حكت لي أنّ أباها متوفى منذ ثلاث سنين .
(٤) تحب فاطمة أن تجلس في بستان أبيها تحت شجرة.
(٥) تتحدث أحيانا مع صديقاتها اللاتي يعشن في القرية.
(٦) وترجع مرة أخرى في نهاية الأسبوع إلى القاهرة.

LEKTION XVII

A.

(١) السيارة أغلى من الدراجة (٢) نهرالنيل أطول من نهر الراين
(٣) العمارة أعلى من البيت (٤) إفريقيا أكبر من أوربا
(٥) عدد الطلاب أقل من عدد الطالبات (٦) الماء أبرد من الهواء
(٧) الذهب أثمن من الحديد (٨) حقيبتي أخف من حقيبتك
(٩) الولد أصغر من الرجل (١٠) الشاي أرخص من القهوة
(١١) اللغة الألمانية أسهل من اللغة العربية (١٢) الشمس أحر من القمر

B.

(١) أسرع السيارات (٢) أجمل البنات (٣) أهم الأشياء (٤) ألذ الأطعمة
(٥) أقدم الجوامع (٦) أغلى الكتب (٧) أقرب الطرق (٨) أطول الأنهر

C.

(١) أكبرهم (٢) أصغرهم (٣) أذكاهن (٤) أشهرهم
(٥) أحرّها (٦) أصعبها (٧) أغناهم (٨) أعزهن

D.

(١) ثوبا أحمر (٢) بحيرة زرقاء (٣) بيتا أبيض (٤) بيوتا بيضاء
(٥) رجلا أقرع (٦) رجالا قرعا (٧) ثيابا سوداء (٨) شجرا أخضر
(٩) وردا أحمر (١٠) صحراء صفراء (١١) واحات خضراء

E.

(١) أهم خطاب سمعته (٢) أذكى طالبة قابلتها (٣) أقدم جامع زرته
(٤) أغلى مطعم دخلناه (٥) أعلى جبل صعدناه (٦) أصعب طريق مشينا فيه
(٧) آلم حادث شاهدناه (٨) أغنى رجل التقينا به (٩) ألذ طعام أكلناه
(١٠) أشهر جامعة زرناها

LEKTION XVIII

A.

(١) كل الطلاب عندهم كتب. (٢) كل المقاهي فيها ناس. (٣) كل الأشعار جميلة.
(٤) كل الصحارى فيها رمل كثير. (٥) كل الجبال عالية. (٦) كل البساتين فيها ورد.

B.

(١) السيارات في حالة جيدة كلها.
(٢) بعنا الأرض كلها.
(٣) سيستمع المواطنون الى الخطاب كلهم.
(٤) قررت الحكومة تعمير الصحراء كلها.
(٥) اشترت الشركة النفط كله.
(٦) اجتمع الناس في السوق كلهم.
(٧) ستكتب الجرائد عن الحادث كلها.
(٨) يجب علينا أن نعيد الامتحان كله.
(٩) قضينا شهر رمضان في الخارج كله.

C.

(١) اقرأ كل الكتب التي تجدها .
(٢) اعطيني كل الأقلام التي عندكِ.
(٣) كلي كل الخبز الذي تجدينه.
(٤) سنزور كل الآثار التي توجد.
(٥) اشربوا كل الماء الذي يوجد.
(٦) اكتبوا كل الكلمات التي فهمتموها.
(٧) احكي لي كل الأخبار التي سمعتها.
(٨) حققت الحكومة كل الاقتراحات التي قدمتها الشركة.

D.

(١) لا، بعضها فقط. (٢) لا، بعضهم فقط. (٣) لا، بعضها فقط. (٤) لا، بعضه فقط.
(٥) لا، بعضهن فقط. (٦) لا، بعضها فقط. (٧) لا، بعضها فقط. (٨) لا، بعضهم فقط.

E.

(١) أما هم فلم يفهموا شيئا.
(٢) أما هم فلم تمنعهم من شيئ.
(٣) أما أنتم فلم تحققوا شيئا.
(٤) أما هن فلم ينهين شيئا.

(٥) لا ، بالعكس، لم يتم شيئ. (٦) أما هم فلم يعدوا شيئا.
(٧) أما أنتم فلم تتفقوا على شيئ.

F.

(١) لا ، لا يفهمك أحد. (٢) لا ، لن نزور أحدا. (٣) لا ، لا ينام أحد.
(٤) لا ، لا يعرفون أحدا. (٥) لا ، لن يأتي أحد. (٦) لا ، لا يصوم أحد.
(٧) لا ، لا يهنئ أحد. (٨) لا ، لن يرحب بأحد.

G.

(١) أسرعت الشرطة الى مكان الحادث.
(٢) لا شكّ في أنّ اللاجئين يساعدون بعضهم بعضا.
(٣) أيّ حكومة تستطيع أن تحل جميع مشاكل المواطنين ؟
(٤) لم تحقق تحريات الشرطة أيّ نجاح حتى الآن.

LEKTION XIX

A.

(١) إنّ هذه الجزيرة مناخها صحراوي. (٢) إنّ البيت بابه مفتوح.
(٣) إنّ مصر طبيعتها جميلة جدا. (٤) إنّ السيارة كشافها مكسور.
(٥) إنّ ليبيا ثرواتها كثيرة. (٦) إنّ الدولة أساسها القانون.
(٧) إنّ القرية شوارعها ضيقة. (٨) إنّ العالم مستقبله غير واضح.
(٩) إنّ الخمر شربه غير صحّيّ. (١٠) إنّ اللجنة قراراتها غير رسمية.

B.

(١) ممثل الشركة غير موجود.
(٢) ليست جبال الجزيرة عالية.
(٣) نتائج الامتحان غير معروفة.
(٤) اجتماع الوزراء غدا.
(٥) أعضاء النادي موجودون كلهم.
(٦) عمارات الجامعة كثيرة.
(٧) منتجات سوريا الزراعية جيدة.

C.

(١) وأين سيارة مدير الشركة ؟
(٢) وأين بيت أستاذك ؟
(٣) وأين باب البيت ؟
(٤) وأين حديقة أبيه ؟.
(٥) وأين طائرة أخيه ؟
(٦) وأين عمارات الجامعة ؟
(٧) وأين عاصمة الجزيرة ؟

D.

(١) كتب في كتاب له.
(٢) أعلن في خطاب له.
(٣) قابلت أختا له.
(٤) أرسلت الشركة ممثلا لها.
(٥) قابلت أخا لهن.
(٦) اجتمعنا في عمارة للجامعة.

E.

(١) كتب الطلبة وأقلامهم
(٢) طبيعة الصحراء ومناخها
(٣) شعب الجزائر وحكومتها
(٤) أعضاء النادي ومديروه
(٥) قرارات المؤتمر ونتائجه
(٦) شوارع القرية وساحاتها
(٧) مدن السودان وقراه
(٨) أبواب العمارة ونوافذها
(٩) مستقبل الدولة وماضيها
(١٠) صحة الأولاد وسلامتهم

F.

(١) يعاملونني كأخ لهم.
(٢) كان عيدا للفرس.
(٣) هذا هو حق طبيعي للإنسان.
(٤) كان صديقا وزميلا له.

G.

(١) الاجتماع المقبل لمجلس الوزراء   (٢) الممثل الرسمي للدول النامية

(٣) المناخ الجميل لجزر الخليج   (٤) القرارات الجديدة لمجلس الأمن

(٥) النتائج الأساسية لمؤتمر السلام   (٦) الليالي الجميلة لشهر رمضان

(٦) المناقشة الحارّة للمشاكل السياسية   (٨) الأسس العامة لعلم النفس

H.

(١) هو غير رسمي.   (٢) هي غير معروفة.   (٣) هذا القرار غير ضروري.

(٤) هذه الجملة غير واضحة. (٥) هذا الطعام غير صحّيّ. (٦) هذا الرأي غير طبيعي.

(٧) هذا السلام غير عادل.   (٨) ردك على هذا السؤال غير كاف.

LEKTION XX

B.

(١) كان الناس يأكلون من الأطعمة الشهية.

(٢) لم تكن الشربة تتغيب عن أيّ مائدة.

(٣) كان الناس يستريحون قليلا بعد الأكل.

(٤) كان الصبيان يخرجون إلى الشوارع.

(٥) كان الكبار يخرجون إلى المساجد.

(٦) كان الكبار يقضون سهراتهم في السمر.

(٧) كانت النساء يقضين سهرات جميلة في المنازل.

(٨) كانت النساء يدعين الصديقات.

(٩) كانت النساء يعددن في كل ليلة الحلويات.

C.

(١) كانت صديقتي قد وصلت.   (٢) كانت الطائرة قد قامت.

(٣) كان الطقس قد تغير.   (٤) لم تكن الطائرة هبطت بعد.

(٥) كانت صديقتي قد ذهبت.   (٦) كانت الشمس قد غابت.

(٧) كان المدير قد رحّب بالضيوف.   (٨) لم يكن أخي وصل بعد.

D.

(١) لا، بالعكس، لا تزال تبكي.   (٢) لا، بالعكس، لا يزلن النساء يبحثن عنه.

(٣) لا، بالعكس، لا تزال تعجبني.   (٤) لا، بالعكس، لا يزالون ينتظرون.

(٥) لا، بالعكس، لا يزالون يناقشونه.   (٦) لا، بالعكس، لا يزال يغيب.

(٧) لا، بالعكس، لا تزال تقف أمامها.   (٨) لا، بالعكس، لا يزالون يصومون.

(٩) لا، بالعكس، لا يزالون يشتغلون فيه.

E.

(١) لم يعد الناس يأكلون من الأطعمة الشهية.

(٢) لم يعد الناس يستريحون بعد الأكل.

(٣) لم يعد الصبيان يخرجون إلى الشوارع.

(٤) لم يعد الكبار يخرجون إلى المساجد.

(٥) لم تعد النساء يقضين سهرات جميلة.

(٦) لم تعد النساء يدعين الصديقات.

(٧) لم تعد النساء يعددن الحلوى.

LEKTION XXI

A.

II	درّس	خوّف	نوّم	علّم
III	عاون	دافع	ناول	قاطع
IV	أنزل	أرسل	ألقى	أعدّ
V	تعلّم	توقّف	تغيّب	تطلّب
VI	تبادل	تعاون	تناول	
VII	انكتب	انفتح		
VIII	اتّخذ	اتّضح	اطّلع	اجتمع
X	استيقظ	استعدّ	استقبل	استفهم

B.

(١) لم يعد الولد يبكي مرة ثانية.   (٢) لم يعد يقضي يوما ثانيا في هذه القرية.

(٣) لم يعد يأتي إلى الحفلة.   (٤) لم يعد يقول هذه الجملة أبدا.

(٥) لم يعد يجيئ إلى الاجتماع أبدا.   (٦) لم يعد يعطيه نقودا مرة ثانية.

(٧) لم يعد ينام في هذه الليلة.   (٨) لم يعد يزور هذا المكان مرة ثانية.

C.

(١) ينبغي أن يتّخذ الوزير الإجراءات اللازمة.   (٢) قرّر مجلس الشعب أن يناقش هذا الموضوع في الجلسة المقبلة.   (٣) يؤثّر المناخ على طبيعة الإنسان.   (٤) اتّصلت فاطمة بمدير الشركة تليفونيا.   (٥) حقّقت الحكومة السودانية نجاحا كبيرا.   (٦) سيطر الجيش الأردني على الموقف.   (٧) تزلزلت الأرض في أسوان في السنوات الماضية أكثر من مرة. (٨) أسرعت الشرطة إلى مكان الحادث. (٩) تمتدّ مصر من وادي حلفاء جنوبا إلى الإسكندرية

شمالا.(١٠) أدخلنا أحمد المستشفى لكي نطمئنّ على صحته. (١١ قاطعت سوريا مصر بسبب علاقاتها مع إسرائيل.

D.

(١) أيقظني أذان المؤذن في الساعة الخامسة. (٢) انقطعت العلاقات السياسية منذ مدة طويلة. (٣) هل من الممكن أن توضحي لنا هذا الموقف الصعب. (٤) لا تسيطر الحكومة على هذه المنطقة البعيدة. (٥) تمتد البلاد العربية من المحيط إلى الخليج. (٦) اتّضح من إجابته أنه لم يفهم السؤال. (٧) كل إنسان له الحق أن يدافع عن نفسه.

LEKTION XXII

A.

(١) إذا شاهدت حادثا فأبلغ الشرطة. (٢) إذا سألتك فردّ عليّ
(٣) إذا تعاونّا ننهي العمل اليوم. (٤) إذا توقفت السيارة أمام البيت فقل لي.
(٥) إذا نزل المطر تبتل الأرض. (٦) إذا حدث شيء فسأناديك.
(٧) إذا وجدت مشاكل فاتّصل بالمدير. (٨) إذا كانت لا تعجبني فلن أشتريها.
(٩) إذا قرأت الجرائد فستعرف الاخبار الجديدة. (١٠) إذا ساعدتني أساعدك أيضا.

B.

(١) إن لم ينزل المطر نذهب إلى المنتزه.
(٢) إذا كان يوم الأحد عطلة نذهب إلى المنتزه.

(٣) إن كان حسن مريضا لا نذهب إلى المنتزه.
(٤) إن كانت سوسن مريضة لا نذهب إلى السينما.
(٥) إذا كانوا موجودين نذهب إلى السينما.
(٦) إذا كانت الجامعة مغلقة نذهب إلى المقهى.

C.

(١) إذا كان عندي وقت. (٢) إذا كانت عندي نقود.
(٣) إذا كانت موجودة. (٤) إن كانت صحّتي جيّدة.
(٥) إذا كان الطقس حاراً. (٦) إن كان ذلك ضروريا.
(٧) إذا كانت النقود كافية.

D.

(١) لو اشترك في الدروس لتعلم اللغة العربية. (٢) لو دعوتني لزرتك.
(٣) لو شاهدت الحادث لأبلغت الشرطة. (٤) لو أتيت لرددت لك النقود.
(٥) لو عرفتني لسلّمت عليّ. (٦) لو كان هناك شاهد لصدق هذا الكلام.
(٧) لو كانت الحالة خطيرة لاتّخذت الحكومة الإجراءات اللازمة.
(٨) لو لم تكن هذه الجريدة مملة لقرأتها. (٩) لو لم تتأخر الطائرة لوصلنا إلى عمّان في الميعاد.
(١٠) لو بحثوا لوجدوا شيئا.

E.

(١) لو أنّ الطائرة وصلت في الميعاد. (٢) لو أنك صدقت هذا الكلام.
(٣) لو أنّ الفلاحين ملكوا الأرض. (٤) لو أنّ الوزارة غيرت رأيها.
(٥) لو أنّ محمدا أصبح مديرا للشركة. (٦) لو أنّ الوزراء شاهدوا أحدث التطورات.
(٧) لو أنّ المهندسين بحثوا عن البترول. (٨) لو أنّ السيّدات اتّفقن على خطة.

LEKTION XXIII

B.

(١) نعم، لقد قُطِعت منذ مدة طويلة. (٢) نعم، لقد أنشئت في السنة الماضية.

(٣) نعم، لقد بيعت في الأسبوع الماضي. (٤) نعم، لقد نوقش هذا الموضوع في الجلسة.

(٥) لا أعرف، لقد قيلت هذه الكلمة في المؤتمر.

(٦) بنيت هذه العمارة في السنة الماضية. (٧) نعم، دعيت فاطمة إلى الحفلة.

(٨) نعم، اتّحذت الإجراءات اللازمة.

C.

(١) هذه المنطقة لا تُزار. (٢) هذه الكلمة لا تُقال. (٣) هذا الرجل لا يُنسى.

(٤) هذا اللحم لا يؤكَل. (٥) هذا الموضوع لا يُناقَش. (٦) هذه البضاعة لا تُرَدّ.

(٧) هذا الباب لا يُغلَق.

D.

(١) قد امْتُحِن الطلبة. (٢) قد نُفّذ المشروع. (٣) قد استُغلت الثروة الطبيعية.

(٤) قد اتّفِقَ على التعاون. (٥) قد مُوّل المشروع. (٦) قد دُرس المشروع.

(٧) قد نوقِشت هذه الإجراءات. (٨) قد أنشئ هذا المصنع.

E.

(١) لقد بيعت. (٢) لقد أنشئ. (٣) لقد رُئي. (٤) لقد بُنيت.

(٥) لقد نوقش. (٦) لقد سُئلت. (٧) لقد اختير. (٨) لقد اشتُريت.

(٩) لقد أقيمت. (١٠) لقد شوهد ذلك في النادي.

LEKTION XXIV

A.

(١) المرأة العاملة.
(٢) المسلمون الصائمون.
(٣) الدول النامية.
(٤) القرى الواقعة في الجبال.
(٥) الطريق المؤدّي الى دمشق.
(٦) المشاكل المتعلقة بالسياسة.
(٧) الشركات المساهمة في السوق.
(٨) العوامل المؤثّرة على الإنتاج.
(٩) الشركات الباحثة عن البترول.
(١٠) الحزب المعارض.
(١١) الآراء المنتشرة عند كل الناس.
(١٢) الأسرة المنتجة.
(١٣) الدول المنتجة للبترول.
(١٤) الدول المصدّرة للبترول.
(١٥) الشركة المنفذة لبناء الكوبري.

B.

(١) الكتب الموجودة في المكتبة.
(٢) الأراضي المحتَلة.
(٣) الأبواب المُغلَقة.
(٤) النوافذ المفتوحة.
(٥) الملاحون المعتقَلون.
(٥) الولد المسمّى أحمد.
(٧) السرعة المقرّرة.
(٨) الاقتراحات المقدّمة.
(٩) النظام السياسي المقترَح للبنان.
(١٠) الرجل المتوفّى.
(١١) المناطق الممنوعة على الأجانب.

C.

(١) الزيارات المسموح بها.
(٢) الشخص غير المرغوب فيه.
(٣) الشخصية غير المرغوب فيها.
(٤) السيارة المؤمّن عليها.
(٥) الأسعار المعلَن عنها.
(٦) الجثة المعثور عليها.
(٧) الرجال المحكوم عليهم بالسجن.
(٨) مصادر موثوق بها.
(٩) السيدة المرسل إليها.
(١٠) الحدود المعترَف بها.
(١١) الطلبة المغمى عليهم.
(١٢) العقود الموقّع عليها

D.

(١) لو كانت معي نقود لتغدّيتُ في المطعم. (٢) لو كان هذا الكتاب مهما لقرأته.
(٣) لو ما كان هذا اللحم لحم خنزير لأكلته. (٤) لو ما تأخّرت الطائرة لوصلنا في الميعاد.
(٥) لو ما ساعدتني إحدى زميلاتي لما نجحت في الامتحان.

E.

(١) إذا وصلت الطائرة في الميعاد رحّبنا بالضيوف في المطار.
(٢) إذا كانت معك نقود استطعنا أن نتغدّى في المطعم.
(٣) إذا حدث حادث ينبغي أن نبلغ الشرطة.
(٤) أذا كان الطقس رديئا فلن نذهب إلى المنتزه.
(٥) إذا لم تشاهدوا هذا الفيلم لا تستطيعون أن تتناقشوا معنا.
(٦) إذا لم تكن صحّتك جيدة فلا تذهبي الى العمل !
(٧) إذا كنت مريضة فنادي الطبيب !

LEKTION XXV

A.

حدّد - فكّر - أثّر - قرّر - مثّل - صدّق - ألّف - سمّى - أدّى - موّل -
رحّب -أعلن - أنتج - أغلق - أسرع - وافق - حاول - غادر - ناقش -
شاهد - عارض - نافس - قاتل - كافح - نادى - نادى - تطوّر - تغيّر
- توقّف - تقدّم - ألقى - أنهى - آمن - أراد - أنار - أضاء - انطلق
- انفتح - انكسر - انقلب - اصفرّ - احمرّ - استولى - استدعى - استردّ

- استقلّ - انتهى - استأجر - أدار - تمنّى - تبادل - تعاون - تضامن - ازدحم - اتّصل - اطّلع - احتلّ - اتّخذ - امتدّ - استعمل - استقبل - استفاد - استعدّ - استغلّ - أعدّ - أنشأ - دافع - اختلف

B.

(١) نفّذت شركة النيل المشروع. (٢) أعدّت الإدارة آلاتٍ حديثة.
(٣) سجّلت الجامعة الطلاب. (٤) تتبادل الدولتان الطلبة.
(٥) اعتقلت الشرطة الفلاحين. (٦) يمارس أعمال السحر.
(٧) تنتج سوريا سيارة حديثة. (٨) احتلّت جمهورية روما اليونان.

C.

(١) قام الوزير باستقبال الضيوف. (٢) قامت مصر بإنارة القرى الريفية.
(٣) قامت الوزارة بمساعدة الفلاحين. (٤) قام الناس باستغلال الثروة الطبيعية.
(٥) تقوم الشركة باستعمال أحدث الآلات. (٦) ستقوم الشرطة بفتح الطريق.
(٧) قام الوزير باستدعاء أعضاء المجلس. (٨) قامت الإدارة بتجهيز المصنع بآلات حديثة.

D.

(١) كُذبت هذه الأخبار. (٢) مُوّل إنشاء العمارة بصعوبة.
(٣) أسقِطت طائرات العدوّ. (٤) ووفق على تقرير مجلس الشعب.
(٥) يجاب على هذه الرسالة بسرعة. (٦) تُعَدّ الآن الكتب التعليمية للسنة الدراسية المقبلة.

E.

(١) يتم تصدير هذه الفواكه بالطائرة. (٢) يتم تسليم الأوراق غدا.
(٣) تم اختيار ممثل جديد للفلاحين. (٤) تم إنشاء معهد جديد للبحث العلمي.
(٥) تمت مناقشة هذه المشاكل أمس. (٦) تمت إقامة حفلة عشاء إكراما للضيوف.

(٧) تم تسمية الكوبري الحديث بكوبري الرئيس أنور السادات.
(٨) تم إعلان الأسعار الجديدة.

F.

(١) بعد مناقشة المشروع (٢) قبل قطع العلاقات (٣) منذ إنشاء العمارة
(٤) منذ استئجار الشقّة (٥) بعد سؤال المدرّس (٦) قبل عرض الفيلم
(٧) بعد إقامة الشركة (٨) قبل بيع السيارة (٩) بعد إعلان الحرب
(١٠) قبل احتلال المدينة (١١) بعد إعادة فتح الطريق

G.

(١) انطفأ النور بعد انقطاع الكهرباء. (٢) ألقى المدير خطابا بعد جلوس الضيوف.
(٣) خرج المشاهدون بعد انتهاء الفيلم. (٤) ينبغي أن نتّفق مع بعضناالبعض قبل اجتماع الوزراء.
(٥) اتّفق الوزراء قبل التقاء الرؤساء. (٦) ألقى محمد خطابا قصيرا بعد ترحيبه بالوفد.
(٧) كان الطلاب ساكتين عند إجابة المدرس على الأسئلة.
(٨) لم أر محمدا منذ عودته من أمريكا. (٩)سنقيم حفلة قبل مغادرة الأصدقاء لدمشق غدا.

H.

(١) أقيمت حفلة بعد استقبال الضيوف. (٢) الحدود مغلقة منذ قطع العلاقات الدبلوماسية.
(٣) يتّجه التلاميذ الى فصولهم بعد دخولهم للمدرسة.
(٤) نعيش مبسوطين بعد حل المشكلة. (٥) نجهّز قاعتنا قبل مقابلة الضيوف.
(٦) لا أستطيع أن أنام منذ رؤياك. (٧) أحسست بألم شديد بعد أكل اللحم.
(٨) يستعدّون استعدادا كاملا قبل شنّ الهجوم.

I.

(١) بعد قطع لبنان للعلاقات (٢) قبل شنّ الجيش للهجوم
(٣) منذ اعتقال الشرطة للملاحين (٤) بعد مغادرة الضيوف للبلاد

(٥) بعد أكل الضيوف للحم

(٦)قبل دخول التلاميذ للمدرسة

(٧) منذ احتلال الطلبة للعمارة

(٨) منذ شرب الفلاحين للماء

(٩) بعد سماع الناس للخبر

(١٠) بعد فهم الطلبة للدرس

(١١) منذ إغلاق الحكومة للجامعات

(١٢) بعد تنفيذ الجيش للأوامر

J.

رخصة السيارة في ١٠ دقائق

تدرس وزارة الداخلية نظاما جديدا للتيسير على أصحاب السيارات بحيث يمكنهم الحصول على رخصة السيارة في ١٠ دقائق. يقوم صاحب السيارة بشراء النماذج الخاصّة بالرخصة من مكاتب البريد و يتم الفحص الفنّي للسيارات الملاكي كل ثلاث سنوات في محطات البنزين كما يتم إرسال مخالفات المرور على المنازل و تقوم إدارات المرور بتسليم الرخصة فورا.

LEKTION XXVI

A.

(١) ليست هناك اشتراكية.

(٢) لم يكتشف أحمد إمكانية أخرى.

(٣) لا يستمع الطلاب إلى المحاضرة.

(٤) لا يوجد هذا الحيوان في بلادنا.

(٥) ليس هناك ماء كثير.

(٦) ليسوا فلاحين.

(٧) ليس هذا الأمر من السهولة.

(٨) ليست اشتراكية.

(٩) لن أنسى هذا المنظر.

(١٠) لم يحضر كل الطلاب إلى الاجتماع.

B.

(١) ما دخلت الغرفة حتى ظهر لي منظر غريب.

(٢) ما دخل الضيوف حتى افتتح الرئيس الجلسة.

(٣) ما سمع الخبر حتى أغمي عليه.

(٤) ما دقّ الجرس حتى خرج التلاميذ.

(٥) ما شنّ الجيش هجوما حتى انسحب العدوّ.

(٦) ما توقف القطار حتى نزل منه الركاب.

(٧) ما نشرت وكالات الأنباء هذا الخبر حتى كذبته الحكومة.

C.

(١) لا أملك بيتا ولا سيارة.   (٢) لم أر أحمد ولا محمدا.

(٣) لن يحضر الطلاب ولا المدرسون.   (٤) لا ألف كتابا ولا نشر مقالات في الجرائد.

(٥) لم يستمعوا إلى محاضرة الأستاذ ولا إلى خطاب الإمام.

(٦) لا حضر إلى الجلسة ولا اعتذر عن الحضور.   (٧) لم يستلم منه أجرا ولا هدية.

D.

(١) أشكّ في أحمد لا في محمد.   (٢) اكتشف كلومبوس أمريكا لا استراليا.

(٣) حضر محمد يوم الجمعة لا يوم السبت. (٤) سمع أحمد صوت إنسان لا صوت حيوان.

(٥) وافقت على المشروع الأول لا على المشروع الثاني.

(٦) فكر في المستقبل لا في الماضي.   (٧) إنّ الدين يسر لا عسر.

E.

(١) لو أنه شك فيك لما صدّق كلامك.

(٢) لو أنّ المدير خاف من المشاكل لما وافق.

(٣) لو أنه فكر تفكيرا جيدا لما فعل ذلك.

(٤) لو أنه مارس أيّ نوع من الرياضة لما أصبح مريضا.

(٥) لو أنك أغلقت الباب لما دخل اللصّ البيت.

(٦) لو أنكَ اتّصلتَ بالرئيس لما غيّر رأيه.

LEKTION XXVII

A.

(١) لا يعتقد إلاّ بشيء واحد.

(٢) ما ساعدني إلاّ محمد.

(٣) لا يشك فيك إلا القاضي.

(٤) لن يزورنا إلا يوم الأحد.

(٥) ما اكتشفوا إلا جزيرة صغيرة.

(٦) ليست هي إلا فلاحة.

(٧) ما وافق إلا على هذا الاقتراح.

(٨) لا أعمل إلا مدرسا.

(٩) ما وجدته إلا نائما.

(١٠) ما رأيتها إلا مشغولة.

B.

(١) لم يزرني أحد إلا فاطمة.

(٢) ليس معي نقود إلا خمسة جنيهات.

(٣) لا ينقل شيئا إلا كتبَه.

(٤) لم أشرب مشروبا إلا فنجانا من القهوة.

(٥) لا أخاف من شيء إلا الحرب.

(٦) لا يوجد في البيت حيوانٌ إلا كلبا.

(٧) لم أعطه هدية إلا خاتما.

(٨) لا يتناقشون على موضوع إلا المساواة بين الرجال والنساء.

C.

(١) عندي كل التأشيرات إلا تأشيرة واحدة.

(٢) زرنا السفارات كلها إلا سفارة واحدة.

(٣) حضر المعلمون كلهم إلا معلما واحدا.

(٤) استمعوا إلى كل المحاضرات إلا محاضرة واحدة.

(٥) نجح الأولاد كلهم إلا ولدا واحدا.

(٦) وافق على كل الاقتراحات إلا اقتراحا واحدا.

(٧) حققنا الأهداف كلها إلا هدفا واحدا.

(٨) بعت الأثاث كله إلا مائدة واحدة.

(٩) اشتروا البضائع كلها إلا الفاكهة.

(١٠) أكلوا الأكل كله إلا الخبز.

D.

(١) لا يزال أخي مريضا.
(٢) لا تزال السيارة معطّلة.
(٣) لا يزال المدير موجودا.
(٤) لا يزال الباب مفتوحا.
(٥) لا تزال المدرسة مشغولة.
(٦) لا تزال هذه المنطقة عسكرية.
(٧) لا يزال الطريق مغلقا.

E.

(١) خرج محمد من المستشفى باكيا.
(٢) يعيش الناس في القرية مرتاحين.
(٣) حاول أحمد أن يتوسط معتقدا أنه يساعدهم.
(٤) أضاف محمد قائلا......
(٥) حضرت سوسن مرتدية ثوبا أحمر.
(٦) ظلّ الأولاد في البيت نائمين.
(٧) انسحب الجيش تاركا عدّته.
(٨) علّق أحمد على ذلك قائلا إنّ......
(٩) وصل إلى القاهرة قادما من بيروت.
(١٠) غادر القاهرة متّجها إلى بغداد.
(١١) وقف الفلاحون أمام الدكاكين حائرين.
(١٢) جاء المدير ماشيا.

F.

(١) وجدنا الباب مغلقا.
(٢) تركتهم جالسين في غرفة الجلوس.
(٣) قابلناهم خارجين من المنزل.
(٤) وجدوا النافذة مفتوحة.
(٥) رأيتهم واقفين أمام الجامع.
(٦) ظننتهم شرطيين.
(٧) رأيتها خارجة من البيت.
(٨) تركناهم في المقهى منتظرين أصدقاءهم.
(٩) أحبّ القهوة ساخنة.
(١٠) أحبّ البيرة باردة.
(١١) نريد السيارة سريعة.
(١٢) وجدنا العمّال ناقلين الأثاث.
(١٣) أسير خلف جدّتي صبيّا أسمر.

LEKTION XXVIII

A.

نقوم من النوم <u>صباحا</u> ونلبس ونفطر وبعد ذلك نذهب إلى الجامعة ونستمع إلى محاضرات الأساتذة <u>ساعات طويلة</u> ونتغدى في الساعة الواحدة <u>ظهرا</u> ونتعشى في الساعة السادسة <u>مساءً</u> وننام في الساعة العاشرة <u>ليلا</u> .

B.

(١) أكثر (٢) أكثر (٣) أصغر (٤) أكبر (٥) أقلّ (٦) أكبر
(٧) أكثر (٨) إكثر (٩) أشدّ

C.

(١) أكثر ازدحاما (٢) أكثر ضرورة (٣) أكثر أهمّية (٤) أكثر انتشارا
(٥) أكثر قوة (٦) أكثر تقدّما (٧) أكثر مطرا (٨) أكثر تطوّرا
(٩) أكثر امتدادا

D.

(١) إنّهم من أكثر الناس مالا، (٢) إنّها من أكثر الدول إنتاجا للبترول.
(٣) إنّهم من أكثر العلماء تأثيرا على الشعب. (٤) إنّها من أكثر الأمور أهمّية.
(٥) إنّهم من أكثر الرجال ثروة. (٦) إنّها من أكثر التجارب نجاحا.
(٧) إنّها من أكثر الدول تقدّما. (٨) إنّها من أشدّ الأسلحة قوة.
(٩) ... وهي فعلا من أشدّ المدن حرارة.

E.

(١) انتشاراً (٢) سروراً (٣) خوفاً (٤) ازدحاماً
(٥) أمناً (٦) أهمّية (٧) ضرورة (٨) سروراً
(٩) ازدحاماً (١٠) رطوبة (١١) ذكاءً (١٢) خبرة

F.

(١) هو طيّب القلب. (٢) هي طيّبة القلب. (٣) هي مختلفة الأنواع.
(٤) هو متوسط الدخل. (٥) هو أبيض اللون. (٦) هي بيضاء اللون.
(٧) هي تركية الجنسية. (٨) هم كثيرو المال. (٩) هي منخفضة السعر.
(١٠) هي طويلة الشعر. (١١) هو طويل القامة. (١٢) الشمس شديدة الحرارة.
(١٣) هو سهل الفهم. (١٤) هو قليل الأدب.

G.

(١) أقمتُ ثلاثة شهور في مصر ضيفا على أصحابي. (٢) دخل أحمد الغرفة قلقا.
(٣) رجعت فاطمة إلى البيت سعيدة. (٤) مات الرجل في الصحراء عطشا.
(٥) هرب السائق من مكان الحادث خوفا من الشرطة. (٦) دخل أحمد الجيش حبّا لوطنه.
(٧) درس الطبَّ في دمشق ويعمل الآن طبيبا منذ سنة. (٨) رحّبت مصر بالضيوف حكومة وشعبا. (٩) لا أعرف هذه اللغة إلاّ قراءة. (١٠) كم يوما أقمتَ في مصر ؟
(١١) خرجوا من البيت مسرعين. (١٢) تملأ كل خطوة قلبي فخارا و فرحا. (١٣) توجه الرئيس إلى المعرض سيرا على الأقدام. (١٤) تبحث الشرطة عن المجرم براً وبحرا.
(١٥) كم طالبا يدرس اللغة العربية ؟ (١٦) والدتك ملازمة الفراش حزنا عليك.

LEKTION XXIX

B.

(١) دبّرا الجريمة. (٢) اعتقدا أنّه قتل أخاهما. (٣) ظلاّ يطاردان المجني عليه.
(٤) علما أنّه يتردد على مقهى قريب له. (٥) اشتريا مسدّسين. (٦) قاما بالجريمة.

(٧) أطلقا عليه النار. (٨) فرّا هاربين. (٩) اختفيا في منزل صهرهما. (١٠) ألقي القبض عليهما. (١١) أحيلا للمحكمة.

C.

(١) سيدبران الجريمة. (٢) سيعتقدان أنه قتل أخاهما. (٣) سيظلان يطاردان المجني عليه. (٤) سيعلمان أنه يتردد على مقهى قريب له. (٥) سيشتريان مسدّسين. (٦) سيقومان بالجريمة. (٧) سيُطلقان عليه النار. (٨) سيفرّان هاربَين. (٩) سيختفيان في منزل صهرهما. (١٠) سيلقى القبض عليهما. (١١) سيُحالان للمحكمة.

D.

(١) هل أنتما الولدان اللذان دبّرتما الجريمة ؟ (٣) هل ظللتما تطاردان المجني عليه ؟ (٥) هل اشتريتما مسدّسين ؟ (٦) هل أنتما اللذان قمتما بالجريمة ؟ (٧) هل أنتما اللذان أطلقتما عليه النار ؟ (٨) هل أنتما اللذان فررتما هاربين ؟ (٩) هل أنتما اللذان اختفيتما في منزل صهركما ؟

E.

(١) دبّرتا الجريمة. (٣) ظلّتا يطاردان المجني عليه. (٤) علمتا أنّه يتردّد على مقهى قريب له. (٥) اشترتا مسدّسين. (٦) قامتا بالجريمة. (٨) فرّتا هاربتين. (١٠) ألقي القبض عليهما. (١١) أحيلتا إلى المحكمة.

F.

(١) من الرجل الساكن في هذا البيت ؟ (٢) أين الطريق المؤدّي إلى صنعاء ؟
(٣) إلى من سلّمت الخاتم المعثور عليه ؟ (٤) من الفلاحون المالكون للأرض ؟
(٥) هناك القطار المتوجه إلى الإسكندرية. (٦) من يريد أن يرحّب بالوفد المرافق للوزير؟

(٧) نرحّب بالسوّاح الزائرين بلادنا.   (٨)   هل تستطيعين أن توضّحي المسألة المناقشة أمس مرّة أخرى ؟

(٩) أين الكتب المطلوبة منك .   (١٠)   أين الصحفي الكاتب لهذه المقالة ؟

LEKTION XXX

A.

يسافر الدكتور أسامة الباز وكيل أوّل وزارة الخارجية إلى عمّان صباح اليوم حاملاً رسالة من الرئيس حسني مبارك إلى الملك حسين.   وعلم مندوب الأهرام أنّ الرسالة تتعلّق بالاعتداء الذي تعرّض له السودان، كما تتمّ دراسة نتائج الحوار الفلسطيني الأردني في ضوء اجتماع الدكتور أسامة الباز مع الزعيم الفلسطيني ياسر عرفات، وهو الاجتماع الذي تمّ في الخرطوم منذ أيّام قليلة.   ويعود وكيل أوّل وزارة الخارجية إلى القاهرة غدا.   ومن المنتظر أن يحمل معه ردّ الملك حسين على رسالة الرئيس مبارك.

B.

(١) مائة شهر   (٢) اثنين وأربعين أسبوعا   (٣) أربعة عَشَرَ يوما

(٤) أسبوعين   (٥) سبعة أسابيع، ثلاثة أيّام   (٦) اثنين و خمسين يوما،   شهرين

(٧) مائتين و ستة أيّام   (٨) مائتي يوم

C.

(١) يبلغ عدد الركّاب خمسة عشر رجلا و سبع سيدات.
(٢) ترتفع الحرارة في الصيف إلى خمس وأربعين درجة.
(٣) وصلت الطائرة إلى مطار الخرطوم في الساعة الخامسة إلاّ ربعا.
(٤) أعجبني الكتابان اللذان اشتريتهما.
(٥) كان يملك عمارة ذات ثمانية طوابق وست وعشرة شقّة.
(٦) دخلنا غرفة واسعة فيها موظّفان جالسان خلف مكتبيهما.
(٧) إن ضربتَه ضربة واحدة أبلغتُ الشرطة.
(٨) اعتقلت الشرطة الرجال المشكوك فيهم.
(٩) إنّ جبال الألب أكثر ارتفاعا من جبال سيناء.
(١٠) يبحث أحمد عن فتاة ليتزوّجها ويريدها طويلة الشعر وزرقاء العينين.
(١١) المكتب مفتوح كل أيّام الأسبوع ما عدا يومَ الجمعة.
(١٢) فهمنا الكلمات كلّها غيرَ كلمةٍ واحدةٍ.
(١٣) لولا المحاضرة لَما دخلت الجامعةَ اليوم.
(١٤) ألا تخاف أن تسافر إلى جنوب إفريقيا وحدك.
(١٥) لم يحضر الطلاب إلى الحفلة ولا الأساتذة.
(١٦) ما أنهيت هذا التمرين حتّى رميت القلم على الأرض.

تمّت والحمد لله
في شهر يوليو سنة ١٩٨٨م

KORREKTUREN

ZUM

ÜBUNGSBUCH ZUR ARABISCHEN SCHRIFTSPRACHE DER GEGENWART

<u>Seite</u>:	الخطأ	الصواب
36, F, 1	Stimulus fehlt	هل أرسل الخطاب ؟
43, E, 3	ergänze	في
50, B, 3	ergänze	أحمد
56, E, Beispiel	ergänze	أين الكتاب الذي اشتريته أمس
70, C, 4	يجب	يحب
78, C, 6	فهمتموها	فهمتموه
79, F, Beispiel	ergänze	لا يراني أحد
80, G, 3	ergänze	؟
81, A, Beispiel	ergänze	إنّ
85, G, 2	بامٍ	نامٍ
92, B, Überschrift	/yaᶜid/	/yaᶜud/
94, D, 6	ergänze	من
94, D, 7	ergänze	عن
98, D,7	تتجذ	تتخذ
99, E,2	لم	لو
107, C,5	بها	عنها

Seite:	الخطأ	الصواب	
112, B, 3	الخامعة	الجامعة	
112, C, Beispiel	مّولت	موّلت	
115, E, 7	بكوري	بكوبري	
118, H, 2	دلك	ذلك	
123, C, 3	المدرسين	المدرسون	
128, C, 4	ايتمعوا	استمعوا	
129, D, Beispiel	لا يزل	لا يزال	
129, D, Wörter	ergänze	مصرّ على	bestehend auf
129, D, Wörter	ergänze	مُعَطّل	außer Betrieb
130, E,3	أن	أنّه	
134, B,6	إناج	إنتاج	
134, C, Beispiel	ergänze	أكثر نشاطا	
134, C,2	الإكل	الأكل	
137, F, 1	ergänze	قلبه طيب	
137, F, 2	ergänze	قلبها طيب	
137, F, 3	ergänze	أنواعها مختلفة	
137, F, 4	ergänze	دخله متوسّط	